Páscoa e Natal

Coleção Encenar

- *Atitudes de Maria* – Neri José Tondello
- *Cirandeira do Menino-Deus: auto de Natal* – Cláudio Rodrigues
- *Páscoa e Natal: encenações para catequese* – Sônia Maria de Azeredo Lopes

Sônia Maria de Azeredo Lopes

Páscoa e Natal
Encenações para catequese

Dados Internacionais de Catalogação na Publicação (CIP)
(Câmara Brasileira do Livro, SP, Brasil)

Lopes, Sonia Maria de Azeredo
  Páscoa e Natal : encenações para catequese / Sônia Maria de Azeredo
Lopes. – 1. ed. – São Paulo : Paulinas, 2009. – (Coleção encenar)

  ISBN 978-85-356-2507-3

  1. Natal - Peças teatrais   2. Páscoa - Peças teatrais   3. Teatro
brasileiro   I. Título   II. Série.

09-08124   CDD-869.92

Índice para catálogo sistemático:
1. Peças teatrais : Literatura brasileira   869.92

Direção-geral: *Flávia Reginatto*
Editores responsáveis: *Vera Ivanise Bombonatto e*
Antonio Francisco Lelo
Copidesque: *Cirano Dias Pelin*
Coordenação de revisão: *Marina Mendonça*
Revisão: *Ana Cecilia Mari*
Direção de arte: *Irma Cipriani*
Gerente de produção: *Felício Calegaro Neto*
Projeto gráfico: *Manuel Rebelato Miramontes*

Nenhuma parte desta obra poderá ser reproduzida ou transmitida por qualquer forma e/ou quaisquer meios (eletrônico ou mecânico, incluindo fotocópia e gravação) ou arquivada em qualquer sistema ou banco de dados sem permissão escrita da Editora. Direitos reservados.

Paulinas
Rua Dona Inácia Uchoa, 62
04110-020 – São Paulo – SP (Brasil)
Tel.: (11) 2125-3500
http://www.paulinas.org.br – editora@paulinas.com.br
Telemarketing e SAC: 0800-7010081
© Pia Sociedade Filhas de São Paulo – São Paulo, 2009

Meus agradecimentos
À direção do Colégio Teresiano,
que me apoiou em todos os momentos, encorajando-me a
buscar novos caminhos.

Aos professores, funcionários e alunos,
que foram atores, figurinistas,
cenógrafos, sonoplastas, enfim,
que faziam de tudo nas encenações.

Aos colegas, meus queridos amigos,
que durante tantos anos contribuíram
com sugestões e críticas, me ajudando a realizar
a missão de educadora.

A Eduardo, Patrícia e Flávia,
Patrícia, Maurício e Pedro Henrique,
Viviane, Felipe e Bernardo e Priscila,
que enriquecem minha vida com
suas presenças alegres e incentivadoras.

"A representação da Santa Ceia feita por nossos alunos, como parte do preparo para a Primeira Eucaristia, sempre me emociona. É grande a alegria de saber que esta experiência fica na memória das crianças."

Maria Carolina T. Carneiro,
professora do Colégio Teresiano.

"A primeira vez que tomei contato com o texto da Ceia de Natal eu era aluna da quarta série do Colégio Teresiano e me preparava para a Primeira Eucaristia. Encenamos com esmero e animação, afinal, estávamos interpretando os apóstolos de Jesus! Esta veio a ser uma experiência tão memorável que hoje, mais de 20 anos depois, tenho muito carinho ao repetir com meus alunos. Dramatizando o último jantar de Jesus com seus amigos, as crianças podem perceber o verdadeiro sentido da Eucaristia e assim assumirem em suas vidas o compromisso de serem apóstolos de Jesus hoje e sempre."

Fernanda de Mattos Motta,
professora do Colégio Teresiano.

"Quando fiz parte da encenação da Santa Ceia em 2002, tinha 10 anos. Todos que participaram do lava-pés e que estavam sentados à mesa eram amigos, assim como Jesus e seus discípulos.
De uma forma mais simples e interessante para mim na época, participei da Santa Ceia com Jesus Cristo, como faço agora todos os domingos. Essa experiência me ajudou a entender o que eu iria fazer pela primeira vez na vida, minha Primeira Eucaristia, pois de um modo mais concreto nos mostrou como e por que este sacramento se iniciou."

Renata Catão Egger, 16 anos,
aluna do Colégio Teresiano, Rio de Janeiro.

Sumário

Apresentação.. 9

Introdução 11

A Última Ceia 13

O presépio de Jesus 25

A origem da árvore de Natal 35

Apresentação

Ao longo de muitos anos, a preparação para a Primeira Eucaristia e a vivência dos momentos litúrgicos mais fortes do calendário cristão têm sido espaços de muita reflexão e de profunda alegria para os(as) alunos(as) do Teresiano. Tudo isso graças à arte de representar, de contar e de cantar que a professora Sônia Maria de Azeredo Lopes tem levado para seus encontros sistemáticos com as inúmeras turmas com as quais trabalha.

Com o passar do tempo, as dramatizações e atividades realizadas foram sendo aperfeiçoadas e passaram a integrar o calendário geral da escola. A participação das crianças e de suas famílias nos diversos eventos foi sendo cada vez mais entusiasmada e as experiências vividas por todos transformaram os encontros de catequese em verdadeiros espaços de evangelização para todos, adultos e crianças.

A publicação dos textos produzidos para as diferentes celebrações pode servir de inspiração para que outros grupos, outras crianças e suas famílias aprofundem sua vida de fé através da proposta tão revestida da simplicidade que sempre norteou o trabalho evangelizador da professora Sônia Maria de Azeredo Lopes.

Marilia Fulgêncio Palhares
Diretora do Colégio Teresiano – CAP/PUC

Introdução

Quando surgiu a ideia de "montar" este livro, os tempos da infância fervilharam em meu pensamento. Veio a lembrança dos teatrinhos com as primas. Que delícia!... Gosto muito de representar, fazer teatro.

Este desejo sempre foi muito forte dentro de mim e juntou-se ao meu trabalho como valiosa estratégia. Como professora de Ensino Religioso e catequista, transformava qualquer ensinamento de Jesus em encenação. Usava e abusava deste recurso, e os alunos adoravam, sendo meus parceiros. Os alunos jamais esquecerão que Maria é bondosa e prestativa depois de representá-la grávida, subindo a montanha, para visitar sua prima Isabel. É uma vivência concreta, que socializa as ideias, os costumes e os sentimentos.

Minha preocupação é, e sempre foi, aprofundar os ensinamentos nas diferentes dimensões dos valores cristãos, oferecendo ao aluno a possibilidade de fazer sua experiência de Deus. Por isso resolvi registrar os assuntos principais que usei como evangelização das crianças e adultos: a Páscoa e o Natal.

A encenação de *A Última Ceia* é minha colaboração para tornar o aprendizado da Semana

Santa (assunto denso) uma vivência dialogal com Jesus e seus apóstolos. Também é uma preparação para a Páscoa e uma chamada para nos colocar em oração.

As montagens de *O presépio de Jesus* e de *A origem da árvore de Natal* têm a mesma finalidade: proporcionar o aprendizado numa vivência dialogal. O Natal é uma festa muito linda, mas também uma época de muita correria: quase não se tem tempo para festejar o aniversário do Menino Jesus.

Quero compartilhar com você, educador (catequista, pais, mães, avós), que quer fazer algo diferente para celebrar as festas cristãs.

Crianças com vontade de representar, junto com nossa experiência de vida, de professora e mãe – e um tanto de entusiasmo –, parece ser o suficiente para uma bela encenação. O desejo de apresentar deve vir do coração: entregando-se inteiramente, fazendo o melhor possível, então tudo dará certo. Será gratificante atingir o objetivo.

Assim, eu consegui, e a cada ano me aprimorava mais e o sucesso se repetia.

Os elogios e a alegria de ser instrumento do Reino de Deus me encorajaram a escrever este livro.

A Última Ceia

Destinatário: encenação da Última Ceia de Jesus, com adolescentes de 10 a 14 anos e 1 adulto (que representará Jesus e conduzirá a peça).

O número de personagens pode variar. No mínimo 12 apóstolos, 1 ou 2 narradores e Jesus. Dependendo do número de participantes, pode-se também agrupar os apóstolos : 1º grupo, da arrumação; 2º grupo, do lava-pés; 3º grupo, da ceia.

Os adolescentes falam pouco, mas seus diálogos têm de estar decorados. Por isso a necessidade dos narradores como estratégia para os apóstolos interagirem com gestos e expressão corporal.

Objetivo: fazer uma viagem ao tempo de Jesus e conhecer seus hábitos e costumes. Apresentar os seus últimos ensinamentos na Última Ceia, de forma a destacar a instituição da Eucaristia.

Personagens: narradores (1 ou 2); dono da casa (pode ser um dos apóstolos); Jesus; André; Bartolomeu; Filipe; João; Judas Iscariotes; Judas Tadeu; Mateus; Pedro; Tiago Maior; Tiago Menor; Tomé; Simão.

Cenário: precisa-se de um espaço bom (amplo) ou um palco para a apresentação. Os adolescentes devem estar caracterizados com túnicas e um lenço na cabeça.

Encenação

A Última Ceia

Narrador 1: A fama de Jesus era grande em toda a Galileia. Por onde ele passava as pessoas queriam conhecê-lo. Jesus ia chegar a Jerusalém. O povo se preparou para recebê-lo, e ele foi aclamado como rei.

Entrada realizada pelo centro, por entre a plateia.

O grupo entra no teatro com ramos nas mãos saudando Jesus, e gritando: "Viva Jesus!", "Ele é nosso rei!", "Bendito o que vem em nome do Senhor!". Vai até o fundo e volta, saindo de cena.

Narrador 2: Chegou o dia da Páscoa. Uma festa bonita, para celebrar a libertação do povo judeu. Era quinta-feira, Jesus sabia que suas horas estavam contadas. Decidiu, por isso, celebrar a festa da Páscoa naquela noite, junto com seus amigos.

Narrador 1: Jesus cearia pela última vez com os apóstolos. Os apóstolos, porém, não imaginavam que este seria o último dia que passariam com ele.

Cenário: entrada para casa e um espaço (sala com mesa e bancos ou cadeiras).

Narrador 2: Para celebrar a Páscoa, Jesus mandou alguns de seus discípulos à casa de um amigo para prepararem a sala da ceia.

Alguns discípulos entram em cena, batem palmas para chamar o dono da casa, que surge e escuta a mensagem.

Tomé: Irmão, é em sua casa que Jesus quer celebrar a Páscoa. Será possível?

Dono da casa: Claro que sim! Quanta honra!

João: Qual é a sala em que poderemos preparar a ceia?

Dono da casa: É esta a sala que foi reservada a pedido de Jesus. Fiquem à vontade e peçam o que for necessário.

Música: "Kyrie". Inicia-se a arrumação para a ceia pascal: os apóstolos se movimentam com alegria e disposição. Pegam a toalha e a colocam sobre a mesa, depois trazem pratos, copos, talheres. Em seguida, as flores, as frutas, as velas, o vinho, o pão e as ervas amargas. Cada objeto colocado poderá ser mencionado, elogiado, ou pode-se destacar alguma frase sobre o momento. Toda a cena deverá ser feita com a expressão corporal de uma arrumação real, repleta de cuidados.

Bartolomeu: Ficou ótimo! Agora já podemos chamar Jesus! Vamos, irmãos!

Os apóstolos saem para chamar Jesus. Uma parte do cenário deve ser reservada para o lava-pés. São 12 bancos ou cadeiras, em semicírculo, onde os apóstolos se sentarão. Serão usados os seguintes objetos: um jarro para água, uma pequena bacia e uma toalha de rosto.

Narrador 1: Tudo está pronto!

Narrador 2: É chegada a hora da ceia pascal.

Jesus e o grupo entram em cena cantando "Jesus Cristo é o Senhor". Ao entrarem na casa, posicionam-se à espera de Jesus, que fala aos apóstolos.

Jesus: Vocês não podem imaginar a vontade que eu tinha de ter esta refeição antes de sofrer, porque esta é a última ceia em que vamos estar juntos. Vamos, tomem seus lugares à mesa!

Os discípulos, ao chegarem perto da mesa, disputam os lugares mais próximos de Jesus. Discutem sobre quem é o melhor. Há um burburinho entre eles e Jesus pede que o escutem com atenção.

Narrador 1: Entre os discípulos, surge, porém, uma discussão sobre quem deveria se considerar o maior e melhor.

Narrador 2: Jesus explica, então, que entre eles não deveria haver discussões desse tipo. Quem quiser ser grande seja servidor e quem quiser ser o primeiro seja o servo de todos.

Jesus: Ora, deixem de discussão! Sejam amigos! Aqui ninguém deve se considerar maior ou melhor. Somos todos iguais. Façam como eu, que não vim para ser servido, mas estou aqui para servir. Pois é o serviço e a fraternidade que vão construir o Reino de Deus. Durante esta ceia quero que vocês participem de um momento importante. Só preciso de alguns bancos:

Os apóstolos, silenciosamente, colocam os bancos [ou cadeiras] para o lava-pés, os quais já estão ao lado do palco, e observam Jesus.

Simão: Mestre, que vamos fazer agora?

Jesus: Todos precisamos nos purificar antes da ceia. Vou usar aquela jarra de água com a bacia.

Judas: Mas para que, Senhor?

Jesus: Quero que vocês se preparem para serem amigos, servir e ajudar uns aos outros.

André: Mas já estamos preparados!

Jesus: Nem todos, por isso vou lavar os seus pés.

Tiago Menor: Mestre, o Senhor não precisa fazer isto!

Jesus: Quero dar o exemplo, para que, assim como eu, vocês o façam também!

Narrador 1: Com o lava-pés Jesus quer dar aos apóstolos um grande exemplo de humildade e de disposição de servir e ajudar uns aos outros.

> Música alta para o lava-pés. Alguém entra trazendo a bacia com a jarra e uma toalha. Jesus começa a lavar os pés dos discípulos. Quando chegar a vez de Pedro (que deve sentar-se no 6º lugar), abaixar o volume da música.

Pedro: Mestre, o Senhor vai lavar os meus pés?!

Jesus: O que faço agora, Pedro, você não entende, mas compreenderá depois.

Pedro: O Senhor não me lavará os pés nunca!

Jesus: Se eu não lavar seus pés, Pedro, você não será um dos meus!

Pedro: Então, Senhor, se é assim, não me lave somente os pés, mas também as mãos e a cabeça.

Jesus: Quem está limpo não precisa se lavar de novo. Lavar os pés é um símbolo. Todos vocês estão limpos, aliás, quase todos. Exceto um.

O som aumenta enquanto Jesus continua lavando os pés dos apóstolos até chegar ao último.

Jesus: Agora podemos ir para a mesa cear.

Jesus entrega a jarra, a bacia e a toalha e senta-se à mesa. Os apóstolos pegam os bancos ou as cadeiras e sentam-se em torno de Jesus.

Jesus: Compreenderam o que acabo de fazer! Vocês me chamam Mestre e Senhor, e dizem bem, porque eu sou realmente. Portanto, se eu, Senhor e Mestre, lavei seus pés, também vocês deverão lavar os pés uns dos outros. Isto quer dizer: servir, ajudar os que estão precisando. Pois eu dei o exemplo, para que, assim como eu fiz, vocês o façam também. Se fizerem o que eu digo, serão felizes.

Narrador 2: Jesus recomenda que eles se amem como irmãos e aproveita para anunciar a traição de Judas Iscariotes.

Jesus: Preciso lhes dizer muitas coisas. Prestem atenção. Assim como sou amigo, sejam amigos uns dos outros, amigos de verdade, e que Deus Pai permaneça entre vocês. Mas aqui entre nós existe alguém que não me ama. Um de vocês me entregará!

Há um murmurinho entre os apóstolos, que se assustam, olhando uns para os outros.

Judas Tadeu: Quê? Não é possível! Quem de nós ousará?

João: Quem é, Senhor? Por acaso sou eu?

Jesus: É aquele a quem eu der o pão que vou molhar no vinho.

Jesus entrega o pão a Judas Iscariotes e diz:

Jesus: Vai e faça depressa o que tem a fazer.

Judas Iscariotes recebe o pão e sai de cena carregando seu saquinho de dinheiro.

Narrador 2: Os discípulos se entreolharam, sem saber de que é que Jesus falava. Nenhum dos que estavam à mesa compreendeu bem por que motivo Jesus dizia aquilo. Pois, como era Judas Iscariotes que guardava a bolsa de dinheiro, alguns pensaram que Jesus lhe houvesse dito "vá comprar o que precisamos para a festa" ou que desse alguma coisa aos pobres.

Narrador 1: Jesus dizia tais coisas antes que acontecessem. Era como um sinal para que, quando se realizassem, todos reafirmassem a crença de que ele é o Senhor.

Jesus: Meus filhos, o que tenho de mais importante para dizer é que lhes deixo um mandamento novo: Amem-se uns aos outros como eu os amei. Assim vocês devem se amar. E nisto todos conhecerão que são meus discípulos e dirão: "Vejam como eles se amam!". Digo-lhes estas coisas agora, pois não estarei com vocês por muito tempo. Vocês hão de me procurar, mas para onde vou vocês ainda não podem ir.

Pedro: Senhor, para onde vai que não poderemos encontrá-lo?

Jesus: Para onde vou, Pedro, vocês não podem me seguir agora, só mais tarde.

Pedro: Mestre, por que não posso ir com o Senhor agora? Darei minha vida pela sua.

Jesus: Dará sua vida por mim, Pedro? Será mesmo que você está disposto a dar a sua vida por mim? Pois eu digo e repito, Pedro: esta noite, antes de o galo cantar, você dirá três vezes que nem me conhece!

Narrador 2: O anúncio da traição de Judas Iscariotes, da partida de Jesus e da negação de Pedro perturba os apóstolos. Mas Jesus quer fortalecê-los na fé, por isso pede confiança.

André: Tadeu, o que está acontecendo? O Senhor está falando umas coisas estranhas... Que é isto?

Judas Tadeu: Não sei, André. Pergunte ao Mestre!

André: Jesus, não estou entendendo bem estas coisas!

Jesus: Não se perturbe o seu coração! Creia em Deus e creia também em mim. Na casa de meu Pai há muitas moradas e eu vou lhes preparar um lugar a fim de que, onde eu estiver, vocês estejam também.

Tiago Maior: Mestre, o Senhor falou que na casa do Pai há muitas moradas e que nós vamos estar juntos? Como iremos chegar lá?

Jesus: Para onde eu vou vocês conhecem o caminho!

João: Senhor, não sabemos para onde vai. Como podemos conhecer esse caminho?

Jesus: João, eu sou o Caminho, a Verdade e a Vida. Ninguém chega ao Pai se não por mim. Se você me conhece, também, certamente, conhece meu Pai e, portanto, conhece o caminho.

Filipe: Senhor, mostre-nos logo o Pai e isto nos basta!

Jesus: Há tanto tempo estou com vocês e ainda não me conhece, Filipe? Aquele que me vê, vê também o Pai. Como pode dizer "mostre-nos o Pai"? Você não acredita que eu estou no Pai e que o Pai está em mim? Acredite: aquele que crer em mim fará as obras que faço e fará ainda maiores. Tudo o que pedir ao Pai em meu nome isso eu o farei. Como o Pai me ama, assim também eu amo vocês. E quem me ama guardará a minha palavra e eu permanecerei nele!

Narrador 1: Era dia de festa. Mas, ao ouvir essas declarações de Jesus, os apóstolos ficaram muito tristes e confusos, imaginando tudo o que iria acontecer.

> Neste momento a luz é diminuída e os apóstolos ficam tristes, deitam a cabeça sobre a mesa ou no ombro do colega.

Narrador 2: Cristo os animou dizendo que pediria a Deus Pai que lhes mandasse outro Consolador, que ficaria para sempre com eles.

Narrador 1: Jesus também consola os discípulos afirmando-lhes que não ficaria morto, mas ressuscitaria e voltaria a encontrar-se com eles.

Mateus: Jesus, o Senhor está querendo dizer que vai nos deixar?

Jesus: Sim, mas não fiquem tristes! Não deixarei vocês órfãos ou abandonados. Eu voltarei. Eu pedirei e o Pai lhes dará outro Consolador, que ficará com vocês para sempre. Deixo com vocês a minha Paz.

No meio desta fala os apóstolos se erguem e ficam atentos, querendo saber o sentido das palavras de Jesus.

Tiago Menor: Mestre, fale-nos de novo do Consolador! Quem será ele?

Jesus: O Consolador será o Espírito Santo, que enviarei. Ele os fará lembrar de tudo o que lhes disse e ainda dará muitas outras ideias.

Bartolomeu: Jesus, por que o Senhor diz estas coisas agora?

Jesus: Eu lhes digo isto para que a minha alegria esteja com vocês e que esta alegria nunca termine. Ninguém tem maior amor do que aquele que dá a sua vida por seus amigos. E vocês serão meus amigos, se fizerem o que eu digo.

Narrador 1: Enquanto isso, Jesus ia seguindo o ritual da ceia pascal judaica, no qual as pessoas recordavam a saída do povo hebreu do Egito, agradeciam a Deus os benefícios recebidos e renovavam também seu compromisso de seguir os ensinamentos de Deus.

Narrador 2: Mas, de repente, Jesus faz algo que surpreende a todos: ele pega o pão, agradece a Deus e o reparte com seus amigos.

Jesus: Isto é o meu *corpo*, que vou dar por vocês. Podem pegar e comer.

> Jesus se levanta, pega o pão, ergue as mãos como se estivesse abençoando e distribui aos apóstolos. Música: "Jesus, alegria dos homens".

Narrador 1: Ao final, quando é levantado o terceiro cálice da ceia pascal dos judeus, Jesus renova a profecia de sua morte e completa o seu memorial.

Jesus: Isto é o cálice do meu *sangue*, que será derramado por vocês e por muitos. O sangue da Nova Aliança para o perdão dos pecados. E todas as vezes que comerem deste pão e beberem deste vinho estarão se lembrando de mim.

> Jesus serve o vinho.

Narrador 1: Os apóstolos, a partir dessa noite, recordaram que Jesus fez a multiplicação dos pães e anunciou que ele seria o alimento para a vida do mundo.

Simão: Senhor, dá-nos sempre deste pão!

Jesus: Lembre-se, Simão: eu sou o pão da Vida que desceu do céu. Quem vem a mim nunca mais terá fome. Quem comer deste pão permanecerá em mim e viverá para sempre.

Bartolomeu: Ah, Senhor! Estou entendendo! Este pão é o alimento para nós e para a vida do mundo!

Apóstolos: Sim, Senhor Jesus, nós cremos e reconhecemos que o Senhor é o Santo de Deus, o Filho de Deus vivo, aquele que tem palavras de vida eterna.

Narrador 2: E desde aquele dia os cristãos se reúnem aos domingos para celebrar a Ceia do Senhor, escutar sua Palavra, alimentar-se de seu corpo e viver seu compromisso de cristão.

Narrador 1: A esta refeição nós chamamos de Eucaristia ou Missa, e sempre que nos reunimos para celebrar a Eucaristia Jesus senta-se à mesa conosco, fala-nos e dá-se a nós como alimento.

Narrador 2: E, como já é bem tarde, Jesus se levanta para ir embora, convidando os apóstolos a irem rezar com ele.

Narrador 1: Mas esta história não termina aí... Vamos reviver os momentos que se seguiram à ceia pascal?

> Pode-se fazer um jogral com a plateia relatando a prisão e o sofrimento de Jesus na sexta-feira (a Sexta-feira Santa) ou alguma oração da Semana Santa para finalizar.

O presépio de Jesus

Destinatário: *montagem do presépio vivo com crianças de até 8 anos utilizando gestos e expressão corporal.*

O narrador será um adulto, que irá conduzindo as crianças, que estarão caracterizadas.

Objetivo: *apresentar o nascimento de Jesus como um grande acontecimento que marcou a história do mundo. Este presépio pretende ajudar na melhor compreensão do nascimento de Jesus e se presta muito bem para celebrar o próprio dia de Natal.*

Personagens: *não existe um número estipulado, fica a critério de quem estiver organizando. Narrador (1 ou 2); José e Maria (2); estrelas (2 ou mais); anjos (2 ou mais); pastores (1 ou mais); carneirinhos (1 ou mais); crianças (1 ou mais); boi e burro (2); outros animais (gato, cachorro, macaco, zebra, elefante, onça, leão, borboleta, passarinho etc.); Reis Magos (3); árvore (1); flores (2 ou mais).*

Cenário: *pode-se fazer um cenário próprio de acordo com as possibilidades existentes ou simplesmente um espaço com uma manjedoura (algo parecido), palhas e uma imagem do Menino Jesus ou um bebê.*

Encenação

O presépio de Jesus

À medida que o narrador vai lendo e citando os personagens, as crianças vão entrando e se posicionando nos lugares combinados.

Narrador 1: Estamos aqui para aprender com as crianças o que é o presépio. Que este encontro sirva para nos lembrarmos do significado especial desta época tão importante. Época que faz renascer em nossos corações, de uma maneira muito forte, o verdadeiro sentido do amor, da fraternidade, do carinho e da ternura que Jesus Cristo veio trazer.

Vivemos num mundo repleto de símbolos. Estamos sempre interpretando a realidade que nos cerca. Gestos, figuras e cores querem nos dizer muitas coisas. Acontece, porém, que muitas vezes situações importantes nos passam despercebidas. Apenas constatamos a realidade de sua existência, sem saber o que significam. O Natal é um desses momentos, cuja alegria maior é a comemoração do nascimento de Jesus.

Vamos recordar tudo o que aconteceu naquela noite e celebrar o acontecimento do Deus que se fez criança, nascendo na simplicidade e na pobreza de uma gruta.

Ao revivermos o nascimento de Jesus, queremos que a grandeza deste fato penetre em nós e nos ensine que nossos gestos contribuem para a construção da história e são parte do mistério de Deus.

Narrador 2: Há muito tempo, aconteceu um fato tão importante que marcou para sempre a história da humanidade. *José e Maria* deixaram a cidade de Nazaré, onde moravam, e iniciaram uma longa viagem para a região onde José nascera. Ele tinha de se apresentar para o recenseamento.

Já era noite. A cidade de Belém estava tão cheia que as hospedarias não comportavam mais ninguém. O casal que viera de longe não havia conseguido acomodações.

Maria, moça simples, com o coração cheio de amor, foi escolhida por Deus para ser a mãe de Jesus.

José era carpinteiro, amava Maria, que lhe fora dada como esposa.

Eles chegaram muito cansados da viagem e resolveram ficar ali mesmo em Belém. Escolheram uma gruta, que servia de estrebaria, onde os animais comiam e dormiam.

Maria já estava para ter o bebê. José tinha pouco tempo para colocar em ordem aquele lugar: limpou, recolheu as palhas, forrou a manjedoura. Ele conseguiu melhorar o espaço para o bebê nascer.

Maria vai para um canto, onde há uma caixa com a imagem do Menino Jesus. Enquanto isso, José coloca a manjedoura no centro do espaço, recolhe as palhas, que estarão espalhadas no chão, e finge arrumar o lugar. Ele vai ao encontro de Maria, trazem o bebê e mostram à plateia.

Jesus nasceu, assim, pobrezinho, mas cercado de amor e carinho, para trazer ao mundo uma mensagem de fraternidade e humildade.

José e Maria se ajoelham ao lado do Menino e ficam adorando-o.

Jesus não quis nascer rico. Sua maior preocupação é com a conversão dos corações para que não haja injustiça, egoísmo e desigualdade. Cuidou dos pobres, porque eles são o sinal mais claro do Reino entre nós.

Ao falar a palavra "estrela", elas entram dançando com uma música suave. Chegando pertinho do Menino, fazem reverência e jogam luzinhas para ele – usando as mãos. Depois posicionam-se bem atrás no palco, de preferência em cima de uma bancada.

No dia do nascimento de Jesus, uma *grande estrela* apareceu no céu e guiou as pessoas até o presépio de Belém. Era uma nova estrela, com um grande rastro de luz, mostrando o caminho que levava ao Menino Jesus.

A nossa fé cristã é como essa luz, essa estrela luminosa que nos guia até Jesus e nos faz também luzes que mostram o caminho que leva a Deus.

Os anjos entram alegres, saltitando, de mãos postas. Cumprimentam o Menino e posicionam-se na frente das estrelas. Podem falar ou cantar alguma coisa.

Narrador 1: Estou escutando um barulho! Vejam! São os anjos. Estão descendo do céu. *Eles chegam alegres,* cantando: "Glória a Deus nas alturas e paz na terra aos homens amados por Deus". Os anjos são mensageiros da Boa-Notícia e até hoje continuam protegendo e anunciando o verdadeiro Reino.

A notícia sobre o recém-nascido se espalhou e muitos foram até a gruta prestar homenagem ao Menino.

> Todos os que chegam vão cumprimentar o bebê. Os pastores e as ovelhas também.

Os pastores passeavam pelos campos com suas *ovelhas.* Eles receberam a notícia através dos anjos e logo correram para lá. Os pastores representam as pessoas mais simples, os pobres, os trabalhadores. Os carneirinhos ficaram na gruta e com seu pelo de lã aqueciam o Menino Jesus.

> Entram as crianças arrumadas, levam presentes: vasos de flor, caixas de presentes.

Sabendo do acontecido, *as crianças,* contentes, correram para visitar o recém-nascido. Levaram presentes e ficaram ali adorando e acariciando o bebê; entenderam que aquele Menino era especial.

> Sempre que anunciar o personagem, ele entra e cumprimenta o Menino Jesus.

Narrador 2: *O boi e o burro* também estiveram presentes. O boi, com o calor de seu corpo, proporcionava o aconchego que Jesus precisava. O burro, que transportara Maria de Nazaré até Belém, embora cansado, estava feliz por ter colaborado para esse acontecimento tão importante.

Todos os animais vieram. Iam chegando um a um, domésticos ou selvagens, todos queriam demonstrar seu carinho por Jesus.

A *onça e o leão* são perigosos, mas vieram mansinhos, curiosos para ver o bebê.

E o *macaquinho* vem pulando de alegria. Como é engraçado! O Menino Jesus sorri das caretas que ele faz!

Vejam quem vem aí, ele vem devagarinho! É o *elefante!* Até ele conseguiu chegar!

Chegam os Reis Magos, imponentes e importantes.

Guiados pela estrela, chegam os *Reis Magos.* Tiveram a revelação do nascimento do Salvador e também quiseram ver o Menino.

Eles representam todos os povos, os homens de diversas partes do mundo, os sábios, os ricos e os pobres. Jesus veio para todos.

Ao chegar à gruta, encontraram o recém-nascido no colo da mãe, Maria. Abriram seus baús de tesouro e ofereceram os presentes.

Neste momento eles param. Pode-se cantar a canção que fala dos Reis Magos. Depois da música, a entrada será individual ao se mencionar o nome de cada um.

Eis os reis que vêm lá do Oriente. Cada um traz seu presente. Melchior, o velho Baltazar e, finalmente, o sábio Gaspar.

Narrador 1: *Melchior* representa a raça branca, oferece um baú de ouro, que é o metal mais precioso do mundo. O ouro é sinal de que o Menino é o Rei dos Reis. Mais do que todo o ouro do mundo, Deus quer o nosso coração cheio do valor maior: o amor.

Narrador 2: *Baltazar* representa a raça amarela, entrega um pote de incenso, um tipo de perfume muito bom, algo que se queima para ser oferecido só a Deus, sinal de aquele Menino é divino. A fumaça perfumada simboliza o nosso coração espalhando amor e indo ao encontro de Deus.

Narrador 1: *Gaspar* representa a raça negra, traz um jarro de mirra, que é uma resina aromática muita usada para passar em quem morre, sinal de que aquele Menino sofrerá a paixão na cruz e será sepultado.

Narrador 2: Toda a natureza está em festa e parece muito mais bonita, mais verde, mais cheirosa!

As flores estão chegando, dançando e perfumando o ambiente. Elas trazem um colorido especial.

Os passarinhos e as borboletas voam de lá para cá, atordoados com a movimentação, mas estão alegres e felizes.

Bem devagar, a *majestosa árvore,* carregada de frutos, vem trazer a sombra amiga. Ela se curva, fazendo uma reverência, e contempla o Menino Jesus.

Narradores juntos: Todos colaboraram de alguma maneira para que esse dia fosse o mais bonito, o mais importante, um grande acontecimento que marcasse a história do mundo.

Para finalizar, canta-se "Noite feliz" ou outro canto de Natal. As crianças ficam paradas em seus lugares – como se fossem estátuas – até a música terminar.

A origem da árvore de Natal

Destinatário: *o texto pode ser encenado por crianças de até 10 anos.*

O narrador conduz a encenação, fazendo as pausas necessárias de acordo com o andamento da peça. A música deverá ter uma atenção especial. Nos momentos da fala, a música diminui e vice-versa.

Objetivo: *mostrar a origem da árvore de Natal como símbolo para festejar o nascimento do Menino Jesus.*

Personagens: *de acordo com o número de crianças (10 a 36 crianças), anjos (5 ou mais), estrelas (5 ou mais), árvores – Palmeira/Oliveira/Pinheiro –, José e Maria.*

Cenário: *a paisagem de fundo é a gruta do presépio ou algo similar. As árvores serão do tamanho das crianças, para elas ficarem por trás. As crianças confeccionam as estrelas de papel com purpurina e prendem com adesivo nos braços e nas mãos, para, na hora de enfeitar o pinheiro, aproveitar o mesmo adesivo. Recomenda-se acrescentar outros efeitos.*

Encenação

A origem da árvore de Natal

Narrador: Era noite na cidade de Belém. Aos poucos o céu foi ficando todo estrelado. Eram estrelas novas, com um grande rastro de luz.

> Com um fundo musical, entram as estrelas e se posicionam na parte de trás do palco, de preferência em cima de uma bancada.

A lua brilhava diferente naquela região. Nunca tinha acontecido aquilo! As pessoas se sentiam atraídas pelo reflexo da luz. E a luz apontava para uma gruta. Quem chegava lá se sentia chamado a partilhar da beleza do acontecimento: o nascimento de um bebê.

Eis que é desvendado um grande mistério! Deus se faz criança, nascendo na simplicidade de uma gruta. Jesus nasceu, seus pais o carregaram com todo o carinho. Ele não teve berço, nasceu pobrezinho, numa gruta, mas cercado de amor e carinho.

> Música suave ou "Noite feliz" somente orquestrada. Entram Maria e José com o Menino.

Ouve-se ao longe o canto dos *anjos*, eles anunciam o nascimento do Salvador.

> Colocar algum canto de "Glória" ou "Aleluia", que começa baixinho e vai aumentando. Entram os an-

jos, dançando devagarinho, e se posicionam atrás de Maria e José; eles podem falar alguma frase: "Glória a Deus nas alturas e paz na terra aos homens amados por Deus" ou outra.

Os anjos são os ajudantes de Deus, os condutores do bem. Estão por toda parte e sempre perto de nós. Eles se preocupam com a nossa felicidade e com o bem-estar do mundo.

"Escutem uma Boa-Notícia, achareis um recém-nascido envolto em faixas e colocado numa manjedoura" (esta frase poderá ser falada pelos anjos). Aconteceu, então, o Natal!

Música alegre.

Nesse dia a natureza também se manifestou, ficando mais verde, mais florida, cheirosa e colorida, especialmente naquele lugar. Perto da gruta três bonitas árvores enfeitavam o ambiente, dando o aconchego e a sombra de que Jesus precisava. Elas também quiseram marcar presença no acontecimento. A Palmeira, balançando suas palmas, falou:

Palmeira: Ó meu "Menino", estou muito feliz de estar aqui. Por isso quero lhe oferecer o que tenho de melhor. Dou-lhe minha palma maior! Conte sempre com uma brisa fresca para seu bem-estar!

Narrador: A Oliveira acrescentou:

Oliveira: Eu também estou muito contente, Menino Jesus! Minhas melhores olivas servirão para amaciar seus pezinhos. Estarei sempre por perto!

Narrador: E o Pinheiro pensou, mas não descobriu nada que pudesse agradar ao bebê. Preocupado, falou:

Pinheiro: E eu, que posso oferecer?

Palmeira e Oliveira juntas: Ora, você não tem nada para dar!

Oliveira: Seus galhos são pontudos, podem até machucar o Menino!

Palmeira: Suas ramas têm espinhos, ninguém pode tocar!

Narrador: O Pinheiro ficou triste, tão triste, que até chorou! Mas os anjos do céu escutaram tudo, perceberam a tristeza do Pinheiro e resolveram ajudá-lo. Eles se reuniram para combinar o que fazer. Pensaram, pensaram e tiveram uma "boa ideia". Chamaram as estrelinhas do céu, contaram o que tinha acontecido e deram a sugestão... As estrelas adoraram a ideia!

Estrelas: É hora de ajudar quem está precisando!

Ao som de uma música, as estrelas vão dançando e colocando as estrelinhas no Pinheiro, que fica brilhando.

Oliveira: Que luz é esta? O que está acontecendo?

Palmeira: São as estrelinhas! Veja como está o Pinheiro.

Oliveira e Palmeira juntas: Ele está linnnnndo!

Depois de pronto, o Pinheiro fala:

Pinheiro: Que bom, que bom! Muito obrigado, meus amigos! Que essa luz sempre me acompanhe!

Narrador: Nesse momento o Menino Jesus sorriu, demonstrando que estava feliz com aquele "pisca-pisca". Foi o presente de que Jesus mais gostou! Nesse dia surgiu a árvore de Natal, que é sinal de festa, alegria, e um bonito enfeite para comemorar o nascimento de Jesus.

Impresso na gráfica da
Pia Sociedade Filhas de São Paulo
Via Raposo Tavares, km 19,145
05577-300 - São Paulo, SP - Brasil - 2009